BEI GRIN MACHT SICH IHR WISSEN BEZAHLT

AF135762

- Wir veröffentlichen Ihre Hausarbeit, Bachelor- und Masterarbeit

- Ihr eigenes eBook und Buch - weltweit in allen wichtigen Shops

- Verdienen Sie an jedem Verkauf

Jetzt bei www.GRIN.com hochladen und kostenlos publizieren

Fallstudie Software-Engineering. Kernkonzept und Veranschaulichung

Steffen Friesen

Bibliografische Information der Deutschen Nationalbibliothek:

Die Deutsche Nationalbibliothek verzeichnet diese Publikation in der Deutschen Nationalbibliografie; detaillierte bibliografische Daten sind im Internet über http://dnb.d-nb.de abrufbar.

ISBN: 9783346502360
Dieses Buch ist auch als E-Book erhältlich.

FOM Hochschule für Oekonomie & Management Essen

Studienzentrum Köln

Berufsbegleitender Studiengang:

Bachelor of Science Informatik

Scientific Essay im Fach Software Engineering

Fallstudie Journey to Space

Inhaltsverzeichnis

Abbildungsverzeichnis

Tabellenverzeichnis

Abkürzungen

UML	Unified Modelling Language

1 Einführung

1.1 Einführung in die Software-Entwicklung

Gegen Ende der 1960er Jahre hat das Softwareengineering erstmals an Aufmerksamkeit gewonnen. Auslöser war hier die in 1967er Jahre entstandene Software-Krise, welche aus zu schnell entwickelter Software ohne Knowledge Transfer oder Dokumentation herauswuchs. Das Software Engineering sollte dem als systembasierter Ansatz entgegenwirken, wobei der ganzheitliche Entwicklungsprozess einer Software einer klaren Struktur folgt. Dieser Prozess reicht von der Konzeptionsphase bis hin zu Implementierung, Testing und Wartung. Die Literatur lässt viele Definitionsansätze für den Begriff des Software Engineering zu. Im Rahmen dieses Scientific Essay wird die Definition von Ludewig herangezogen: „Software Engineering ist jede Aktivität, bei der es um die Erstellung oder Veränderung von Software geht, soweit mit der Software Ziele verfolgt werden, die über die Software selbst hinausgehen.". (Ludewig and Lichter, 2013)

Der Ablauf des Software Engineering Prozesses startet mit der Identifikation der Stakeholder. Dabei handelt es sich in der Regel um den Kunden als Nutzer, die Entwickler, Administratoren, Architekten und Tester. Anschließend werden die Anforderungen in einem Lastenheft in PROSA definiert. Das Pflichtenheft soll hierbei die tatsächlichen umzusetzenden Anforderungen vertraglich festhalten und mittels Unified Modelling Language (UML) in verschiedenen Diagrammen illustrieren. Design, Entwurf und Architektur folgen dem Pflichtenheft und stellen insgesamt die Art der Umsetzung dar. In der Implementierungsphase werden schließlich Prototypen gefertigt. Die finale Testphase ist Teil des Qualitätsmanagements und rundet den gesamten Aktivitätsstrang des Software Engineering ab. Dieses Scientific Essay zieht das Fallbeispiel der Journey to Space heran. (Ludewig and Lichter, 2013)

1.2 Problemstellung der Arbeit

In diesem Scientific Essay soll anhand einer Fallstudie, in diesem Fall der Journey to Space, ein Software-System auf Basis der Kernkonzepte des Software Engineerings entwickelt werden.

Viele Unternehmen entdecken zurzeit die Agile Entwicklung für sich. In dieser ist es üblich, die in dieser Arbeit dargestellten Vorgehensweise nicht zu berücksichtigen. In der agilen Entwicklung wird auf schnelle, inkrementelle Auslieferung von kleinen Softwarepaketen wert gelegt. D.h., dass große Analysen und Anforderungserhebungen nicht im Vorfeld stattfinden. Dabei können Anforderungen, die im ersten Augenblick nicht offensichtlich sind, vergessen werden. In großen Projekten wird dieses vorgehen wohl kaum umzusetzen sein. Damit Fehler vermieden werden, sollte an der strukturierten Analyse festgehalten werden.

1.3 Zielsetzung und Vorgehensweise

Ziel dieses Scientific Essays ist es, zu veranschaulichen weshalb weiterhin am Prozess des Software Engineerings festgehalten werden sollte. Zu Beginn jedes Kapitels werden zunächst Grundlagen vermittelt, damit im Anschluss den Beispielen gefolgt werden kann.

In dieser Arbeit werden Anforderungen mittels eines Use Case Diagramms dargestellt und anschließend formell beschrieben. Anschließend erfolgt die Modellierung des beispielhaften Use Cases als Klassen- und Aktivitätendiagramm. Außerdem wird ein erster Entwurf der Architektur des zu entwickelnden Software Systems dargestellt. Zum Abschluss dieser Arbeit gehört ein Fazit und ein Ausblick auf das folgen kann.

2 Entwicklung eines Software-Systems auf Basis der Kern-Konzepte der Software-Entwicklung

2.1 Kurze Beschreibung der Fallstudie

Diese Fallstudie beschäftigt sich mit der Journey to Space der Journey to Mars AG. Deren Ziel in den kommenden Jahren ist es, Mond-, Mars-Reisen und weitere interstellare Reisen für alle zu ermöglichen. Dafür soll das passende Software-Produkt, der Space-Explorer, entworfen werden. Diese Software soll den kompletten Buchungsprozess für Reisen ins All, die Planung der Auslastung der Space-Shuttles, die Buchung von Ausflügen sowie das Management der Hotels auf dem Mond und Mars abdecken.

2.2 Strukturierte Erhebung der Anforderungen an das Software-System

Um Anforderungen strukturiert erheben zu können, bedient man sich an verschiedenen Techniken. Diese können Befragungstechniken, Vergangenheits-orientierte Techniken, Kreativitätstechniken, Beobachtungstechniken oder Unterstützende Techniken sein. Angenommen es wurden durch Interviews, Feldbeobachtungen und Brainstorming Anforderungen identifiziert. (Pohl and Rupp, 2015) Diese können mithilfe einer Unterstützenden Technik, den Use Cases, detaillierter dargestellt werden. In dem nachfolgenden Beispiel der Journey to Space werden mithilfe eines Use Case Diagramms die Anforderungen an das System dargestellt. Anschließend wird einer der Use Cases in einer strukturierten Form aufgezeigt und danach in Prosa beschrieben. Use Case bedeutet Anwendungsfall und diese werden in der Sprache der Stakeholder, natürlicher Sprache, formuliert. Des Weiteren beschreibt es die konsistente und zielgerichtete Interaktion des Benutzers mit einem System. Somit wird aus dem fachlichen Auslöser ein definiertes Ergebnis mit fachlichem Wert. D.h., dass ein Use Case das vom Anwender gewünschte Systemverhalten beschreibt und damit die Anforderung an das System enthält. (Kleuker, 2013)

Außerdem existieren sogenannte Use Case Diagramme die mittels der UML dargestellt werden können. Use Case Diagramme bieten die Möglichkeit der grafischen Darstellung der Anwendungsfälle, der Akteure und deren Beziehungen. Somit geben Use Case Diagramme einen Überblick über die Beziehungen zwischen Anwendungsfällen. (Ludewig and Lichter, 2013)

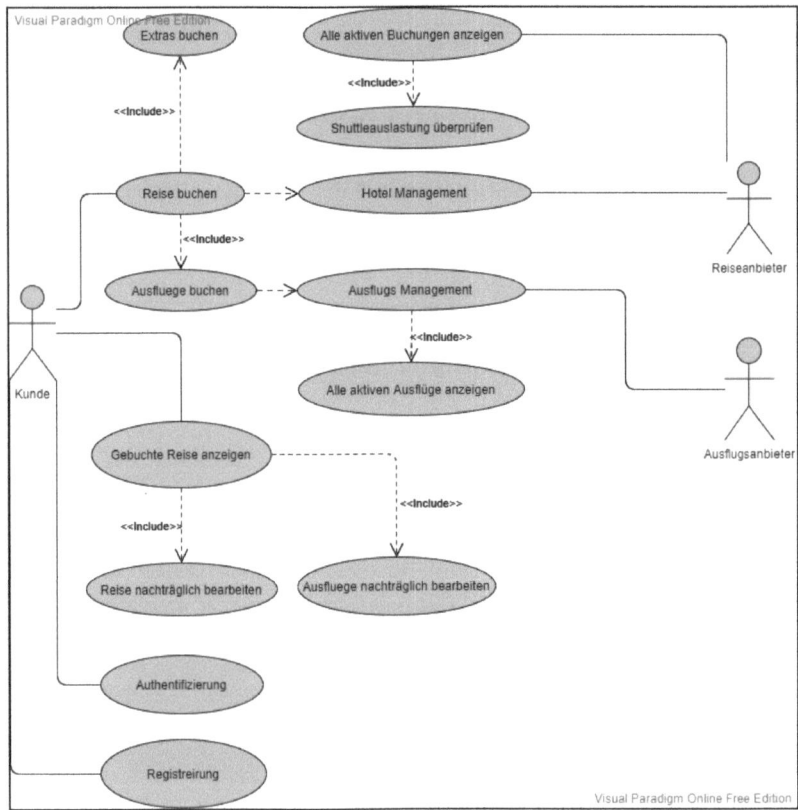

Abbildung 1 - Use Case Diagramm

Eine Use Case Beschreibung erfolgt zunächst in Form einer Schablone. Diese enthält Informationen zum Namen, des Ziels, der/den Vorderdingung/en, der/den Nachbedingung/en, Akteuren, dem Normalablauf und den Sonderfällen zu einem Use Case. (Kleuker, 2013) Nachfolgend wird ein Beispiel gegeben, wie eine Use Case Beschreibung erfolgt.

Name	Use Case 2 - Ausflug buchen
Ziel	Buchung von Ausflügen
Vorbedingung	- Auswahl des Reiseortes und Reisezeitraums sind bereits erfolgt - Ausflüge werden auf der Plattform angeboten - Ausflugstermine werden in Verbindung mit dem Reisezeitraum angeboten
Nachbedingung	- Ausflüge konnten gebucht werden - Die gebuchten Ausflüge werden in einer Übersicht dargestellt - Kunde wird an seine Ausflüge und Bedingungen die mit dem Ausflug verbunden sind erinnert - Kosten für Ausflüge werden an die Reiseanbieter weitergegeben - Reiseanbieter erhält Informationen über die Teilnehmer des Ausfluges
Nachbedingung im Sonderfall	- Verschiebung des Ausflugtermins seitens Reiseanbieters - Stornierung seitens Kunde und Anbieter des Ausflugstermins - System steht nicht zur Verfügung
Akteure	Reise Anbieter Lokal, Kunde
Normalablauf	1. Dem Kunden wird in seinem Reisezeitraum eine Auswahl von Ausflügen zur Verfügung gestellt 2. Der Kunde wählt einen oder mehrere Ausflüge, die zu fixen Terminen angeboten werden, aus 3. Die bereits ausgewählten Ausflüge werden dem Kunden in einer Übersicht auf der Seite, während des Buchungsprozesses, angezeigt 4. Die Kosten für Ausflüge werden auf den Reisepreis aufgeschlagen 5. Die Ausflugsinformationen (Preis, Datum, weitere Informationen) werden dem Kunden in seiner Buchungsübersicht angezeigt

	6. Nach abgeschlossener Reisebuchung erfolgt eine Transaktion an die Reiseanbieter sowie eine Bestätigung der gebuchten Ausflüge
Sonderfall 1	2.1 System steht nicht zur Verfügung 2.1.1 Dem Kunden wird eine Fehlermeldung angezeigt 2.1.2 Kunde kann die Reisebuchung insgesamt abschließen 2.1.3 Kunde kann Ausflüge zu einem späteren Zeitpunkt nachbuchen
Sonderfall 2	7. Stornierung seitens des Kunden oder Anbieters des Ausflugstermins - Reiseanbieter oder Kunde geben eine Stornierung des Ausflugstermins im System ein - Reiseanbieter oder Kunde werden über die Stornierung informiert - Kunde: Prüfung, ob Stornierungsbedingungen eingehalten wurden - Reiseanbieter: Rückerstattung der Ausflugskosten
Sonderfall 3	8. Verschiebung des Ausflugtermins seitens des Reiseanbieters - Reiseanbieter stellt eine Verschiebung des Ausflugstermins im System ein - Kunde wird über die Verschiebung informiert - Dem Kunden stehen Optionen zur Wahrnehmung des Termins oder Stornierung + Rückerstattung zur Verfügung

Tabelle 1 – Use Case 2 - Ausflug buchen

Beschreibung des Use Case 2 - Ausflug buchen

Der *Use Case 2 - Ausflug buchen* verfolgt das Ziel, dass der Kunde Ausflüge zu seiner Reise buchen kann. Hierfür müssen die Vorbedingungen die in Tabelle 1 hinterlegt sind erfüllt sein. Ebenfalls sind die Nachbedingungen zu erfüllen sobald die die Buchung der Ausflüge abgeschlossen ist oder das System einen Fehler meldet. Als Akteure treten hier der *lokale Reiseanbieter* und *der Kunde* selbst auf. Der Normalablauf für diesen Use Case sieht wie folgt aus:

1. Dem Kunden wird, in Abhängigkeit zu seinem Reise Ort und Reisezeitraum, eine Auswahl von Ausflügen zur Verfügung gestellt.

2. Daraufhin wählt er einen oder mehrere Ausflüge, die zu fixen Terminen angeboten werden, aus.

3. Die bereits ausgewählten Ausflüge werden dem Kunden in einer Übersicht auf der Seite, während des Buchungsprozesses, angezeigt.

4. Die Kosten für die Ausflüge werden auf den Reisepreis aufgeschlagen sobald der Kunde einen Ausflug hinzubucht

5. Die Ausflugsinformationen (Preis, Datum, weitere Informationen) sind dem Kunden zu jederzeit, während des Buchungsprozesses, zugänglich

6. Nach abgeschlossener Reisebuchung erfolgt eine Transaktion der Informationen an die Reiseanbieter sowie eine Bestätigung der gebuchten Ausflüge an den Kunden

Falls das System während der Ausflugsbuchung einen Fehler meldet greift der *Sonderfall 1 – 2.1 System steht nicht zur Verfügung.* In diesem Fall wird dem Kunden zunächst eine Fehlermeldung angezeigt, dass das System zur Ausflugsbuchung zurzeit nicht zur Verfügung steht. Der Kunde hat die Möglichkeit die Reisebuchung abzuschließen und zu einem späteren Zeitpunkt die Ausflüge nachzubuchen. Im *Sonderfall 2 - Stornierung seitens des Kunden oder Anbieters des Ausflugstermins* stellt der Kunde eine Anfrage zur Stornierung des Ausflugs an den Reiseanbieter, bzw. der Reiseanbieter teilt dem Kunden die Stornierung des gebuchten Ausflugs mit. In beiden Fällen wird der jeweils andere über die Stornierung informiert. Daraufhin werden die Stornierungsbedingungen geprüft und der Kunde erhält im besten Falls eine Rückerstattung. Des Weiteren ist wie in *Sonderfall 3 - Verschiebung des Ausflugtermins seitens des Reiseanbieters* die Verschiebung des Ausflugstermins innerhalb des Reisezeitraumes möglich. Dem Kunden wird dabei frei gelassen, ob er die Terminverschiebung akzeptiert oder eine Stornierung + Rückerstattung fordert.

2.3 Modellierung des zu entwickelnden Software-Systems

Die Modellierung eines Software-Systems besteht in den meisten Fällen aus Diagrammen, z.B. dem Klassendiagramm, Aktivitätendiagramm, Sequenzdiagramm und den Zustandsdiagrammen. (Czuchra, 2010) Für dieses Scientific Essay werden das Klassendiagramm und das Aktivitätendiagramm anhand der Journey to Space näher erläutert.

„Ein Klassendiagramm stellt die statischen Eigenschaften der Klassen und ihre Beziehungen zueinander dar."(Czuchra, 2010) Klassendiagramme sind so aufgebaut, dass im oberen Teil der Klasse der Klassenname steht. Unter dem Klassennamen findet sich eine Liste von Attributen und im unteren Teil der Klasse steht eine Liste von Operationen die in der Klasse verwendet werden sollen. Attribute stellen die Eigenschaften der Klasse dar, diese besitzen einen bestimmten Wert z.B. *ald: int*. *ald* stellt hier den Namen des Attributes dar und *int* den zu verwendenden Datentyp. Es ist darauf zu achten, dass nur Attribute verwendet werden, die von Bedeutung sind. Operationen, auch Methoden genannt, hingegen sind eine Art Dienstleistung die von einem Objekt der jeweiligen Klasse gefordert werden. Diese Operationen können den Zustand der Klasse ändern. (Czuchra, 2010) Nachfolgend wird ein Klassendiagramm der Fallstudie Journey to Space dargestellt und kur erläutert.

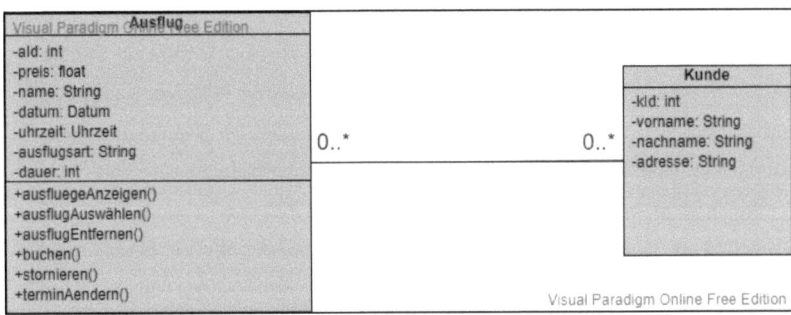

Abbildung 2 - Klassendiagramm zu Use Case 2

Das Klassendiagramm bezieht sich aus den *Use Case 2 – Ausflug buchen*. Die beiden Klassen die zur Buchung von Ausflügen benötigt werden heißen *Ausflug* und *Kunde*. Die Klasse Ausflug enthält die wichtigen Attribute die zur Buchung eines Ausflugs herangezogen werden. Um zu gewährleisten, dass die Ausflüge auch dem richtigen Kunden zugeordnet werden, werden die Daten des Kunden herangezogen. Aufgrund der kId (Kunden ID) lässt sich der Kunde eindeutig identifizieren. Ebenfalls lassen sich die zugeordneten Ausflüge aufgrund er aId (Ausflugs ID) leicht identifizieren. Die weiteren Attribute der Klasse *Ausflug* sind zur Darstellung an der Oberfläche wichtig. Die Operationen dieser Klasse machen eine Auswahl, Buchung, Stornierung oder Änderung von Ausflügen möglich.

Aktivitätendiagramme zeigen hingegen den Ablauf eines Use Cases. Diese Diagramme bestehen aus Aktionen, Aktivitätsknoten, Flüssen, Objektknoten und Kontrollknoten. „Eine Aktion ist ein fundamentales Element zur Darstellung des Systemverhaltens." (Czuchra, 2010) Diese verarbeitet Eingabewerte und erstellt Ausgabewerte. Ein Beispiel für eine Aktion ist in der Abbildung 3 - Aktivitätendiagramm zu Use Case 2 zu finden (Ausflug auswählen). Als Flüsse werden die Pfeile bezeichnet die in einem Diagramm die unterschiedlichen Elemente mit einander verbinden. Startknoten und Endknoten stellen die Kontrollknoten dar und sind wie der Name schon sagt der Anfang und das Ende des Aktivitätendiagramms. Anhand eines Beispiels aus der Fallstudie Journey to Space wird gezeigt, wie ein Aktivitätendiagramm aussehen kann und dessen Ablauf erläutert.

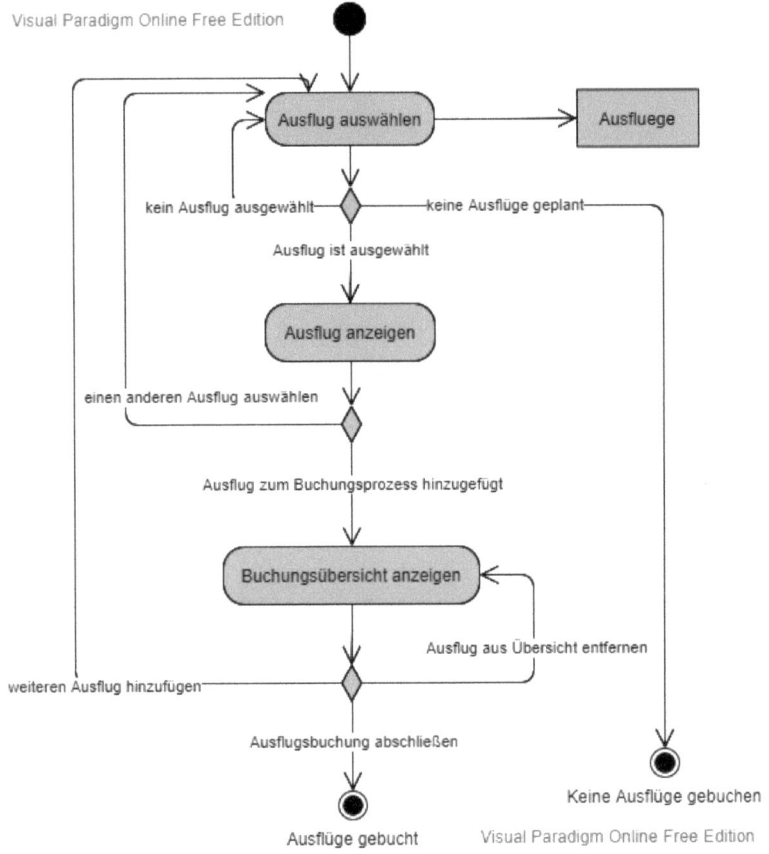

Abbildung 3 - Aktivitätendiagramm zu Use Case 2

Das Aktivitätendiagramm zeigt den Ablauf des *Use Case 2 – Ausflug buchen*. Es beginnt am Startknoten und fließt in die erste Aktion *Ausflug auswählen*. Danach erfolgt ein Steuerungsfluss zu einem Entscheidungsknoten. Dieser zeigt drei Möglichkeiten auf das Diagramm weiter zu betrachten. Ist kein Ausflug ausgewählt verweilt der Kunde in der Aktion *Ausflug auswählen*. Plant der Kunde keine Ausflüge, wird der Kunde ohne gebuchte Ausflüge die Buchung abschließen. Hat der Kunde mindestens einen Ausflug ausgewählt wird der zur nächsten Aktion *Ausflug anzeigen* geleitet. Es folgt ein weiterer Entscheidungsknoten an dem der Kunde entscheidet, ob er einen anderen Ausflug auswählen möchte oder eine Buchungsübersicht angezeigt bekommt. Der Kunde ist kurz vor Abschluss des Buchungsprozesses für Ausflüge und kann nun entscheiden, ob er einen weiteren Ausflug hinzufügen möchte, einen Ausflug aus der Buchungsübersicht entfernen möchte oder die Ausflugbuchung abschließen möchte. Womit auch schon der Endknoten des Aktivitätendiagramms erreicht ist.

2.4 Architektur des zu entwickelnden Software-Systems

Die Software Architektur besteht aus Komponenten und deren Beziehungen zu einander. Sie erfüllt einen bestimmten Zweck. Sie zwar für eine bestimmte Funktion geschaffen, jedoch gehört diese Funktion nicht zur Architektur dazu. „The software architecture of a program or computing system is the structure or structures of the system which comprise software elements, the externally visible properties of those elements, and the relationships among them." (Bass, Clements and Kazman, 2010) So definieren Bass, Clements und Kazman den Begriff Software Architektur. Die Webseite ITWissen.info definiert den Begriff ebenso wie Bass, Clements und Kazman: „Die Software-Architektur definiert die Komponenten eines Software-Systems und beschreibt die Verbindungen, die zwischen den Komponenten bestehen." (ITWissen.info, 2018) Im nachfolgenden Beispiel findet sich ein Software Architektur Entwurf als Schichtenmodell wieder.

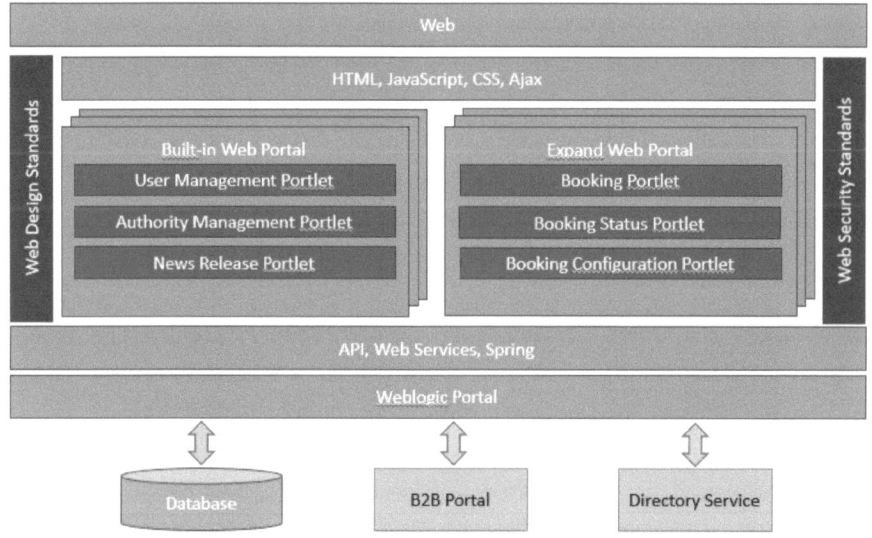

Abbildung 4 - Architektur des Software-Systems

Das Schichtenmodell bietet den Vorteil, dass die einzelnen Module austauschbar sind, solange die Schnittstelle zum Modul dieselbe bleibt. Die Modularisierung ist eine Eigenschaft die einen guten Architektur Stil darstellt. Dabei können die Komponenten eines Systems unabhängig voneinander verändert oder weiterentwickelt werden. Eine weitere Eigenschaft die sich positiv auf die auf die Software Architektur auswirkt, ist die Kopplung und Kohäsion. Bei der Kopplung wird eine möglichst geringe Komplexität zwischen den Modulen angestrebt und bei der Kohäsion ein möglichst hoher Zusammenhalt zwischen Teilen eines Moduls. Des Weiteren gehören die Begriffe Information Hiding, Hierarchische Gliederung und Trennung von Zuständigkeiten. (Ludewig and Lichter, 2013)

3 Fazit und Ausblick

Aufgrund meiner Tätigkeit als IT Business Analyst sind mir einige Themen bereits vertraut gewesen und andere wiederum gar nicht. Einen eigenen Architekturentwurf zu erstellen stellte sich für mich als Herausforderung heraus. Abschließend lässt sich zusammenfassen, dass der Prozess des Software Engineerings wertvoll für die Entwicklung von Software ist. Befolgt man die vorgegebenen Schritte, kann man davon ausgehen, dass die Software die am Ende entsteht nahezu Vollständig und Fehlerfrei ist. Software Engineering hat nicht nur Anhänger.

Beide sichten auf die Software Entwicklung haben ihre Berechtigung und können auch nebeneinander oder gar zusammen existieren. Mein persönliches Fazit lautet, das beste aus beiden Vorgehensweisen zu kombinieren. So kann eine hohe Software Qualität gewährleistet und zu gleich eine schnellere Auslieferung von Softwarepaketen erfolgen.

Im Anschluss an diese Arbeit, kann die Fein-Architektur des Software Systems und danach die Entwicklung bzw. Implementierung folgen. Sobald das System implementiert ist beginnt die Testphase, in der das System auf Fehler geprüft wird. Ist die Anwendung nahezu fehlerfrei kann sie eingeführt und zur Nutzung bereitgestellt werden. Ist dies geschehen, erfolgt eine stetige Weiterentwicklung und Wartung des Software Systems.

Literaturverzeichnis

Bass, L., Clements, P. and Kazman, R. (2010) *Software architecture in practice*. 2nd edn. (SEI series in software engineering). Boston, Mass.: Addison-Wesley.

Czuchra, W. (2010) *UML in logistischen Prozessen: Graphische Sprache zur Modellierung der Systeme ; mit 4 Tabellen ; [mit Online-Service*. (Studium). Wiesbaden: Vieweg + Teubner.

ITWissen.info (2018) *Software-Architektur.*, <https://www.itwissen.info/Software-Architektur-software-architecture.html> [Zugriff 01.02.2021]

Kleuker, S. (2013) *Grundkurs Software-Engineering mit UML: Der pragmatische Weg zu erfolgreichen Softwareprojekten*. 3rd edn. (Lehrbuch). Wiesbaden: Springer Vieweg. Available at: http://deposit.d-nb.de/cgi-bin/dokserv?id=4197472&prov=M&dok_var= 1&dok_ext=htm.

Ludewig, J. and Lichter, H. (2013) *Software Engineering: Grundlagen, Menschen, Prozesse, Techniken*. Heidelberg: dpunkt.verlag. Available at: http://gbv.eblib.com/patron/ FullRecord.aspx?p=1203992.

Pohl, K. and Rupp, C. (2015) *Basiswissen Requirements Engineering: Aus- und Weiterbildung zum "Certified Professional for Requirements Engineering" : Foundation Level nach IREB-Standard*. 4th edn. Heidelberg: dpunkt.verlag.

BEI GRIN MACHT SICH IHR WISSEN BEZAHLT

- Wir veröffentlichen Ihre Hausarbeit,
  Bachelor- und Masterarbeit

- Ihr eigenes eBook und Buch -
  weltweit in allen wichtigen Shops

- Verdienen Sie an jedem Verkauf

Jetzt bei www.GRIN.com hochladen und kostenlos publizieren